Me

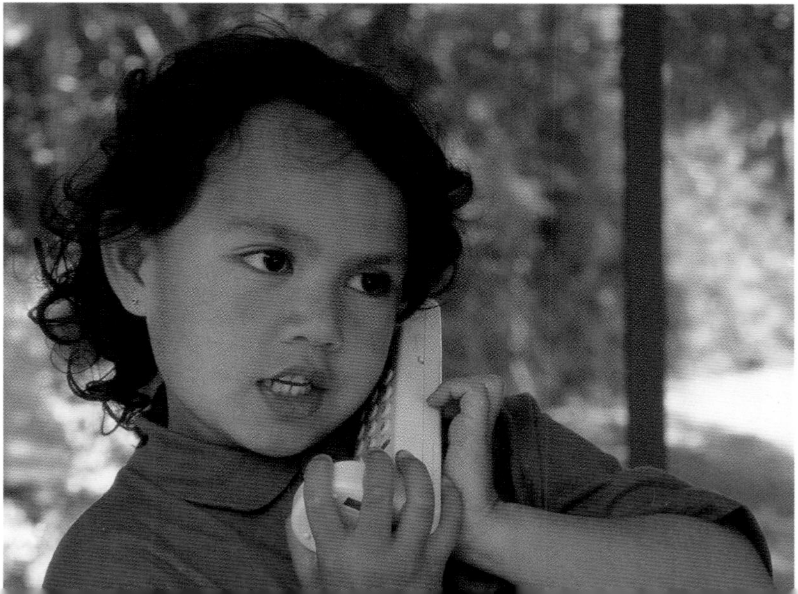

I am drinking.

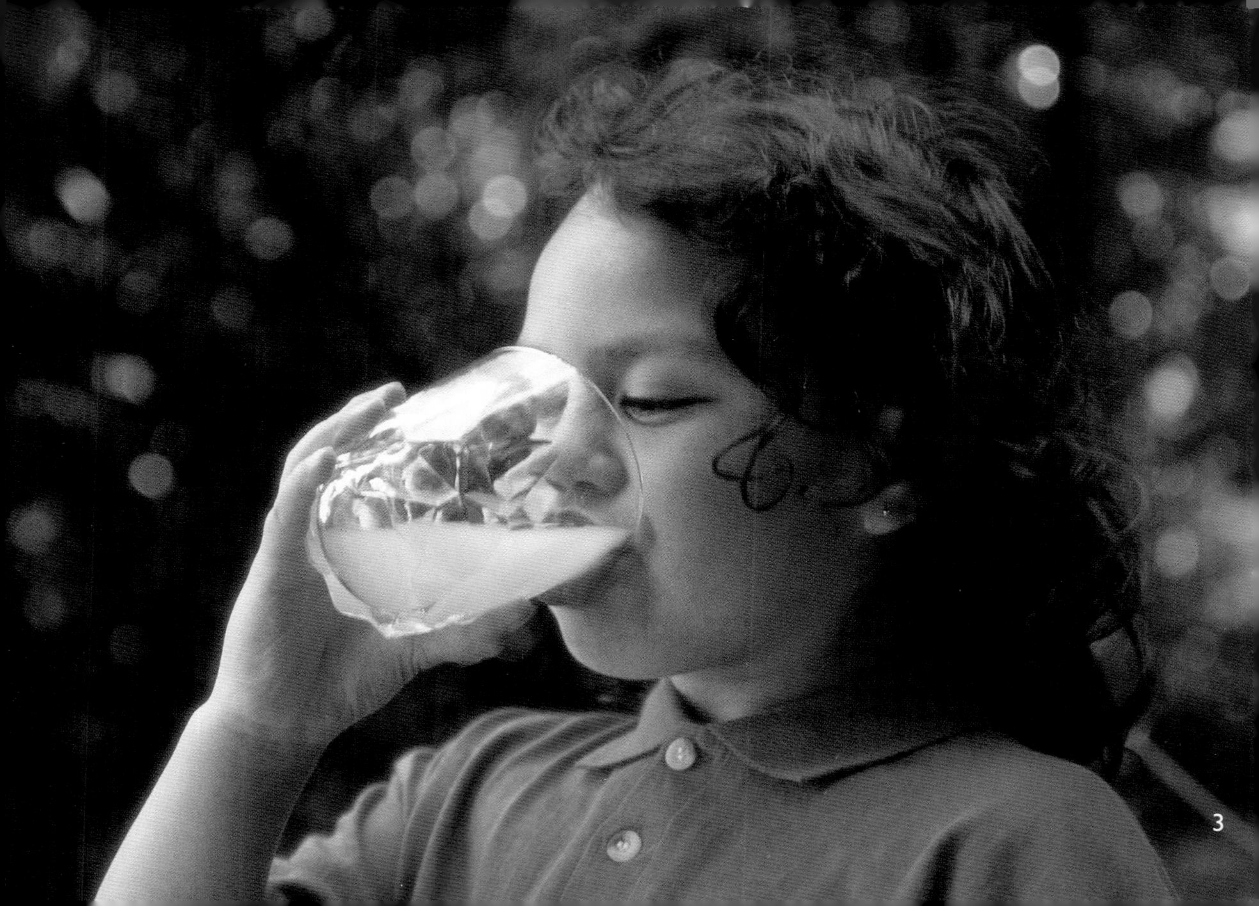

I am eating.

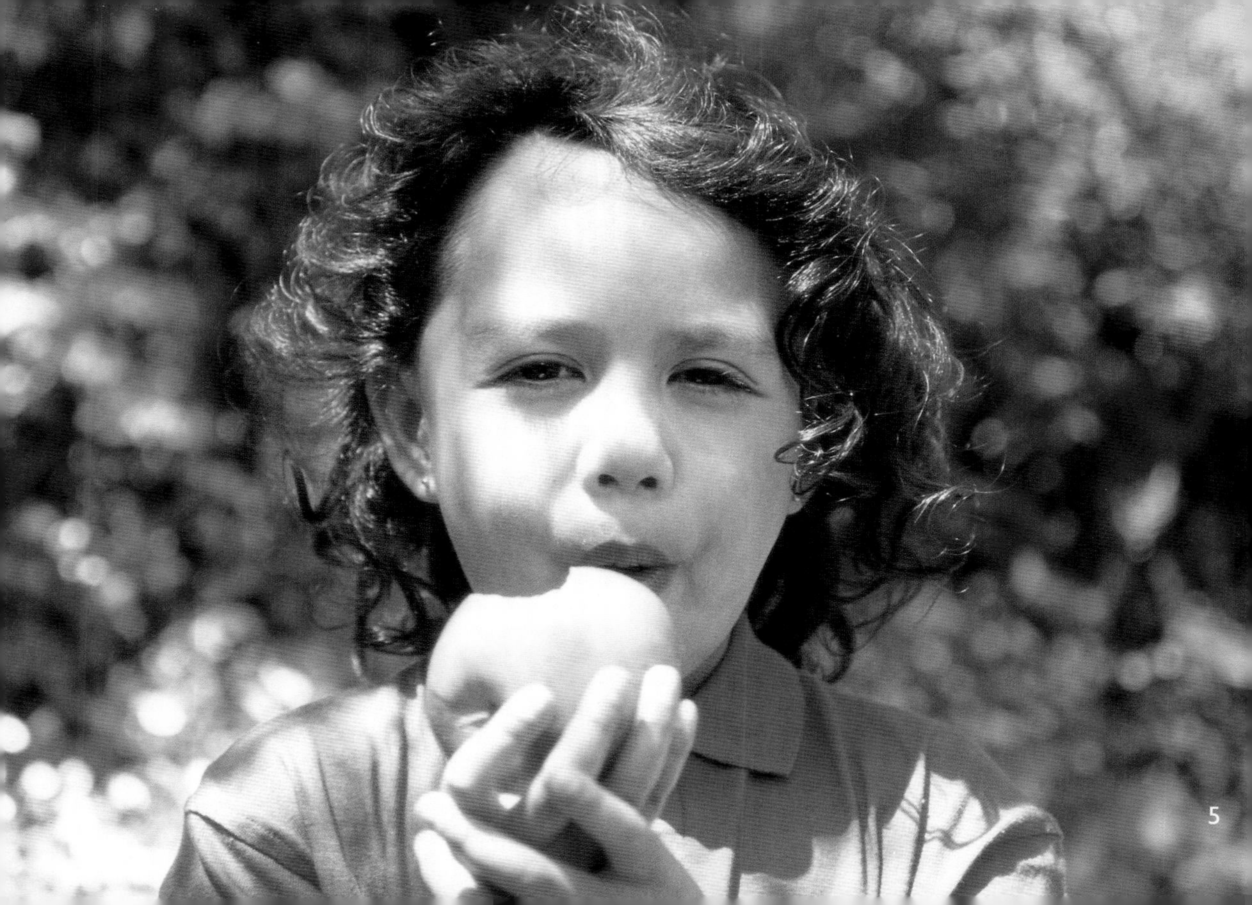

I am laughing.

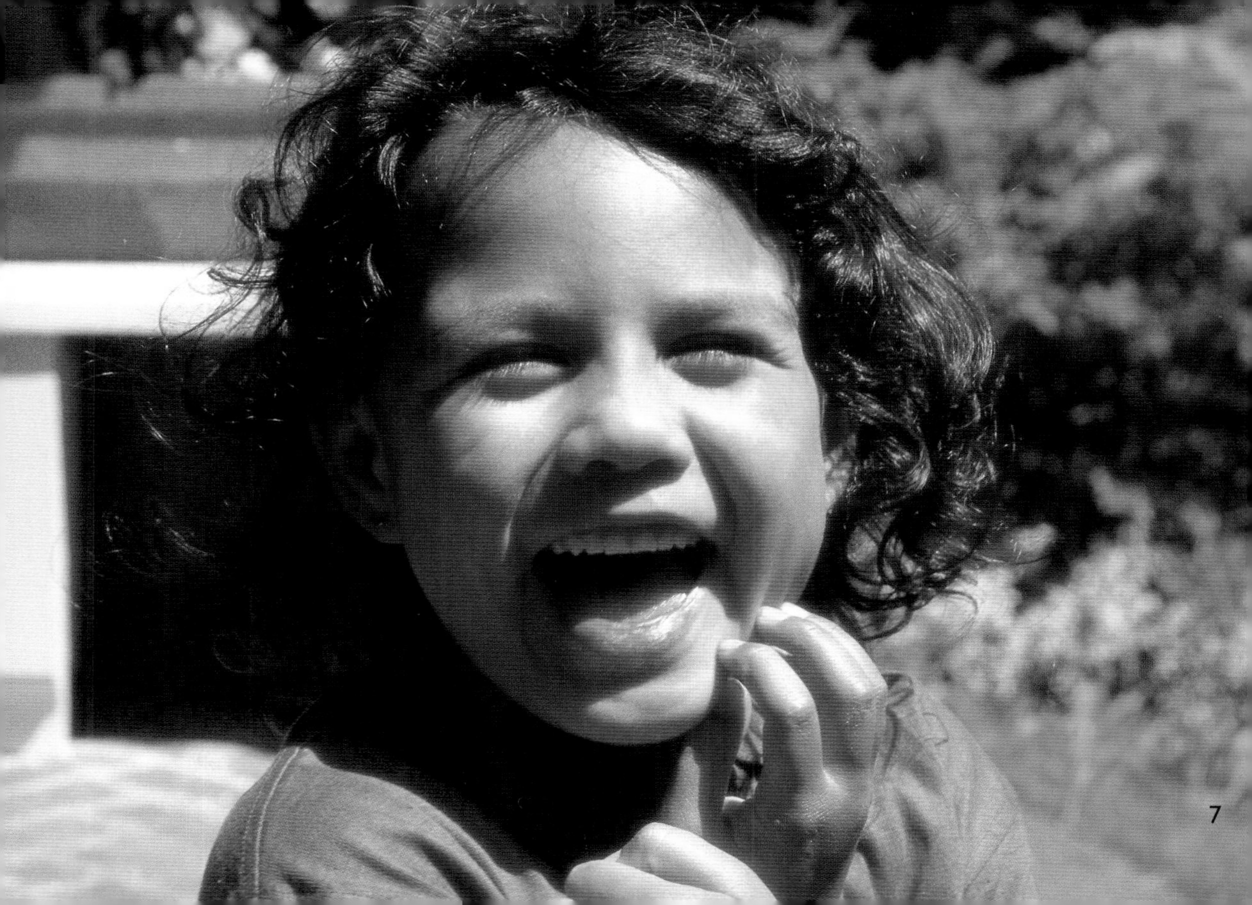

I am crying.

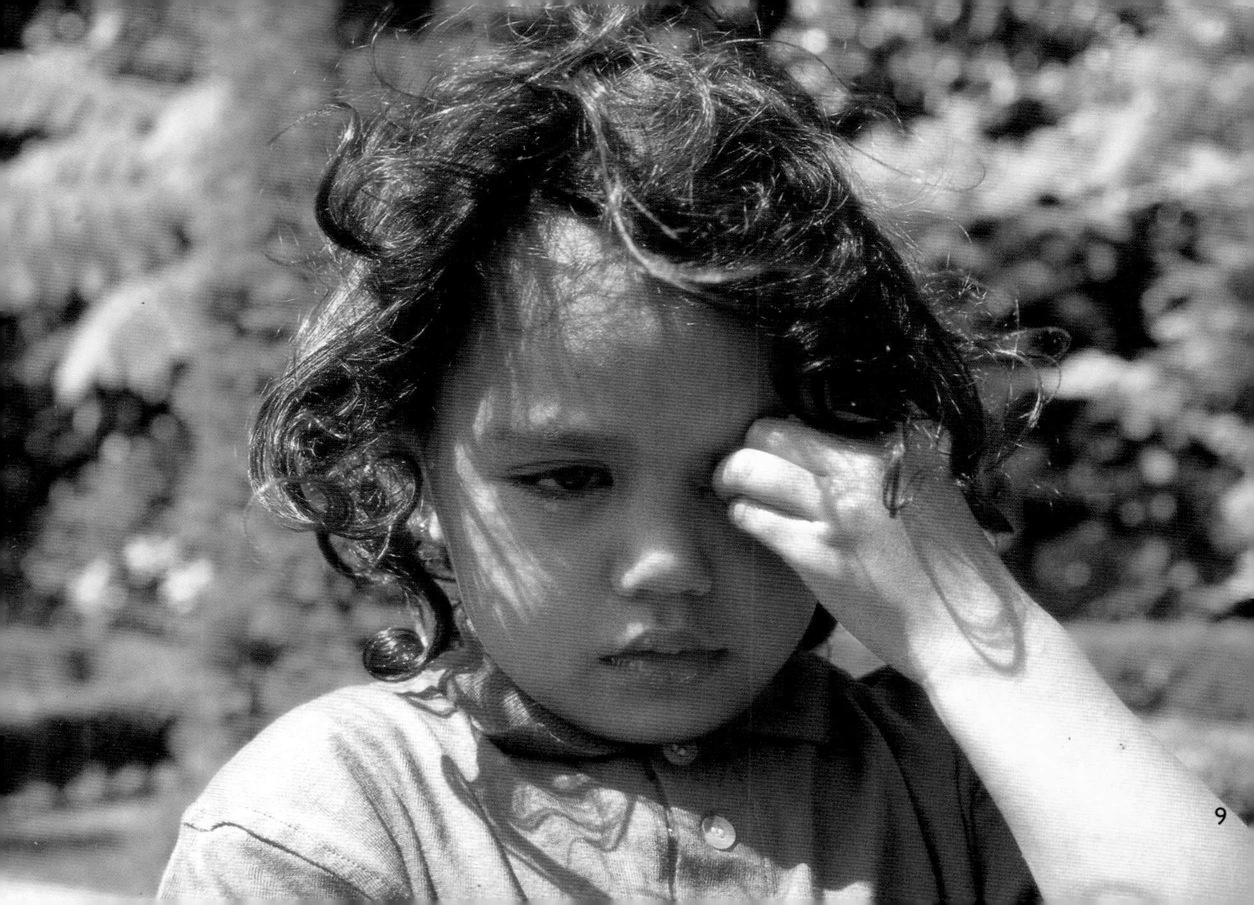

I am talking.

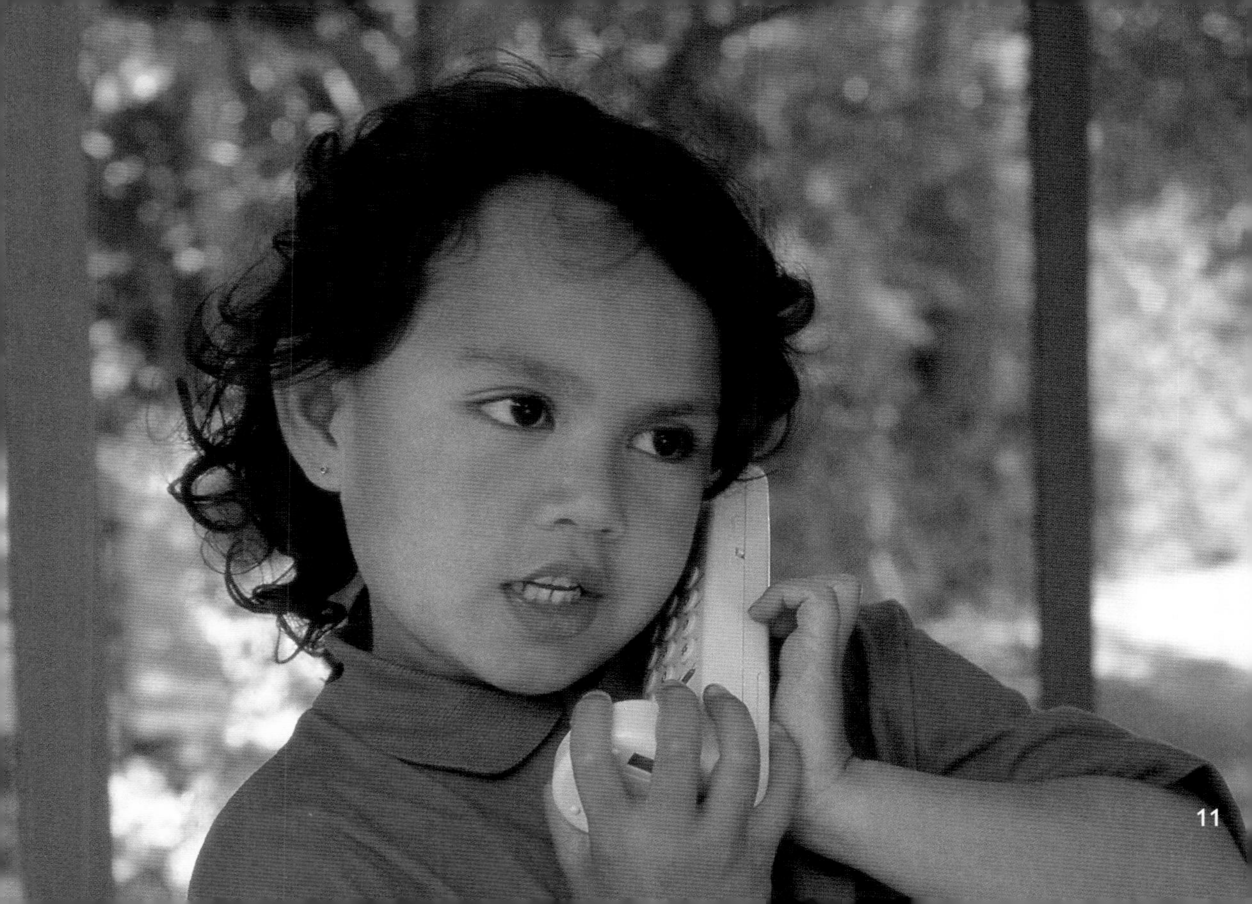

I am listening.

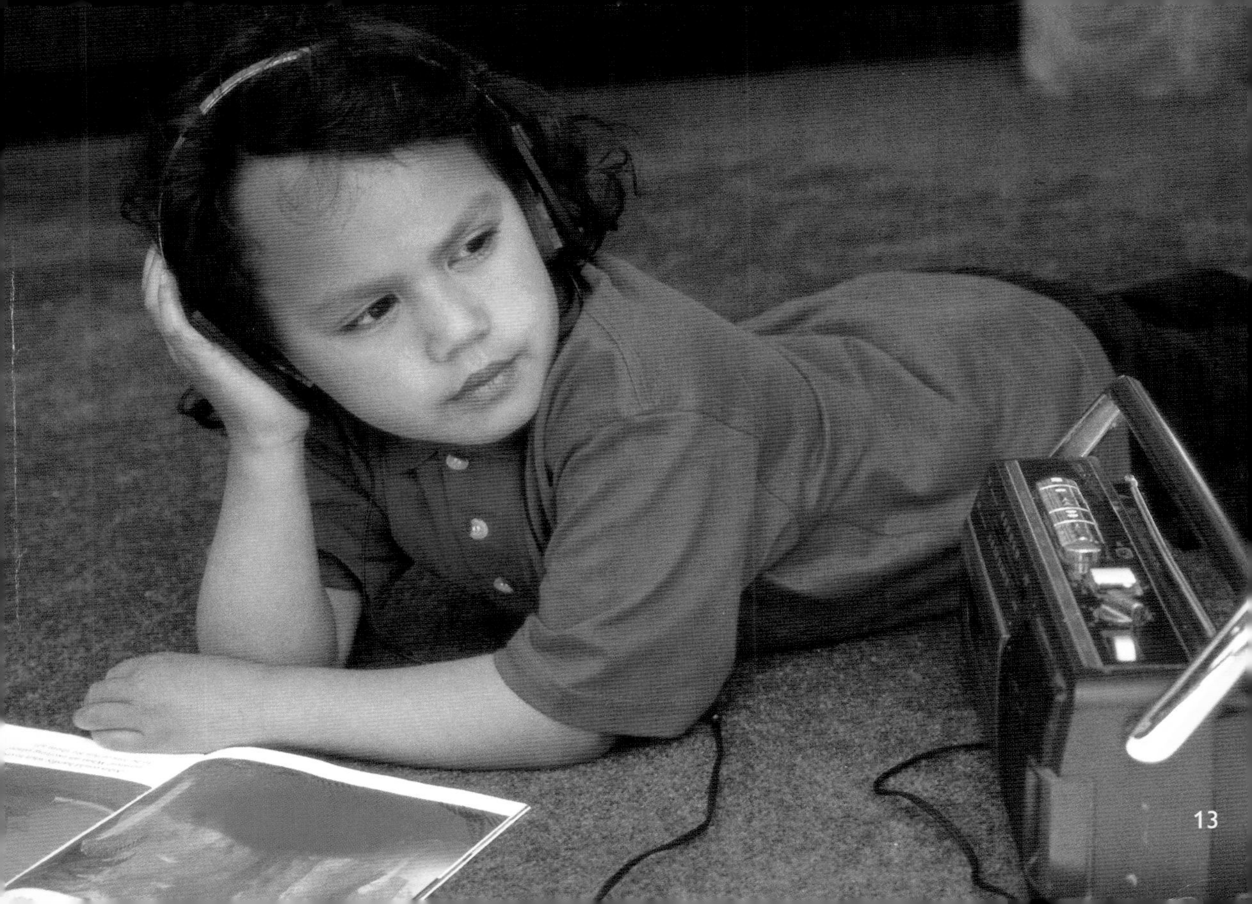

I am yawning.

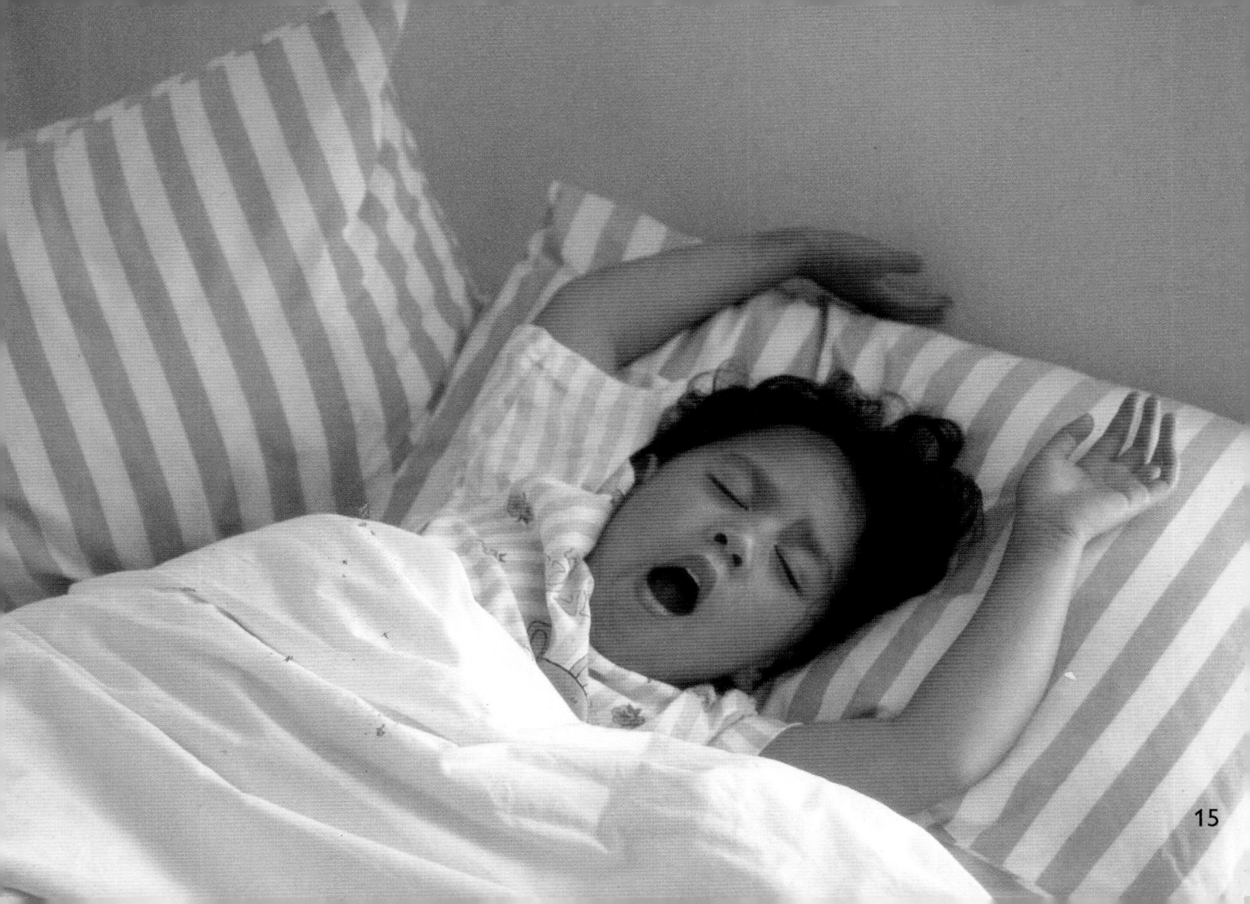

I am sleeping.

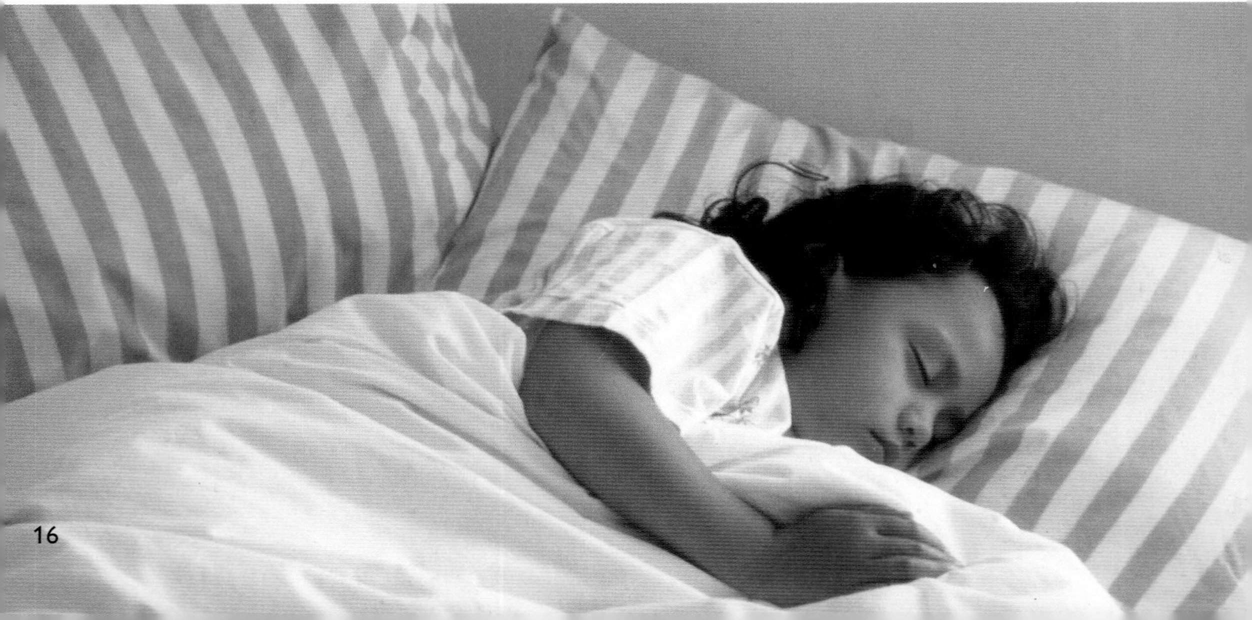